BEI GRIN MACHT SICH IHR WISSEN BEZAHLT

- Wir veröffentlichen Ihre Hausarbeit,
  Bachelor- und Masterarbeit

- Ihr eigenes eBook und Buch -
  weltweit in allen wichtigen Shops

- Verdienen Sie an jedem Verkauf

Jetzt bei www.GRIN.com hochladen
und kostenlos publizieren

GRIN

Bibliografische Information der Deutschen Nationalbibliothek:

Die Deutsche Bibliothek verzeichnet diese Publikation in der Deutschen National-
bibliografie; detaillierte bibliografische Daten sind im Internet über http://dnb.d-
nb.de/ abrufbar.

Impressum:

Copyright © 2009 GRIN Verlag, Open Publishing GmbH
Druck und Bindung: Books on Demand GmbH, Norderstedt Germany
ISBN: 9783640461738

Dieses Buch bei GRIN:

http://www.grin.com/de/e-book/137899/damals-war-es-friedrich-von-hans-peter-
richter-einsatzmoeglichkeiten

Tobias Neuhaus

"Damals war es Friedrich" von Hans Peter Richter. Einsatzmöglichkeiten im Geschichtsunterricht

GRIN Verlag

GRIN - Your knowledge has value

Der GRIN Verlag publiziert seit 1998 wissenschaftliche Arbeiten von Studenten, Hochschullehrern und anderen Akademikern als eBook und gedrucktes Buch. Die Verlagswebsite www.grin.com ist die ideale Plattform zur Veröffentlichung von Hausarbeiten, Abschlussarbeiten, wissenschaftlichen Aufsätzen, Dissertationen und Fachbüchern.

Besuchen Sie uns im Internet:

http://www.grin.com/

http://www.facebook.com/grincom

http://www.twitter.com/grin_com

Rezension:

„Damals war es Friedrich" von

Hans Peter Richter

Der Jugendroman „Damals war es Friedrich" von Hans Peter Richter, erstmals erschienen im Jahr 1961, thematisiert eine Freundschaft zwischen dem jüdischen Jungen Friedrich Schneider und seinem nicht-jüdischem Freund, dem „Ich-Erzähler". Als sich in Deutschland der Nationalsozialismus ausbreitet bahnt sich für die beiden Freunde ein dunkles Kapitel an und die Freundschaft wird gefährdet.

Die Geschichte beginnt im Jahr 1925, die beiden Jungen, die gemeinsam in einem Mietshaus aufwachsen, kennen sich bisher nur flüchtig.

An einem Tag im Jahr 1929 bringt Frau Schneider ihren Sohn Friedrich zu der Mutter des „Ich-Erzählers", da sie zum Rathaus muss. Es kommt zum ersten längeren Kontakt zwischen dem „Ich-Erzähler" und Friedrich, der sich nach kurzer Skepsis zu einem freudigen Ereignis entwickelt. Die Freundschaft baut sich weiter aus und die Jungen verbringen viel Zeit miteinander.

Ab dem Jahr 1933 bemerken die beiden Freunde, dass die Juden immer öfter denunziert und gesetzlich eingeschränkt werden. Auch Friedrich und die Freundschaft leiden unter diesen Problemen, die am Ende sogar den Tod für Friedrich bedeuten, da er 1942 bei einem Bombenangriff wegen seiner jüdischen Identität nicht in den Luftschutzbunker gelassen wird.

Der Roman besteht aus 172 Seiten inklusive acht Seiten Anhang und einer fünfseitigen Zeittafel. Der Anhang erläutert einzelne Textpassagen und Begriffe des Romans, wie z.B. „Pogrom", „Der Stürmer" oder Anmerkungen zur jüdischen Kultur. Die Zeittafel lässt die Jahre 1925-1932 unbeachtet und beginnt mit dem 30.1.1933, an dem Adolf Hitler zum Reichskanzler ernannt wird und endet mit dem 08.05.1945, dem Ende des Zweiten Weltkriegs.

Die literarische Gestaltung von „Damals war es Friedrich" ist von wenigen Fremdwörtern, die aus der jüdischen Kultur oder aus Fachbegriffen der NS-Zeit stammen, geprägt. Diese werden allerdings im Anhang erläutert, so dass keine Verständlichkeitsprobleme einhergehen. Der Roman ist in 32 chronologisch geordnete Kapitel gegliedert, wobei jedes Kapitel eine einzelne Geschichte mit einer kleinen Pointe darstellt und sich an der Judenverfolgung in Deutschland orientiert. Dies ist gerade für den Lesegenuss Jugendlicher ein enormer Vorteil, denn das Buch ist durch viele Höhepunkte gekennzeichnet, die im Laufe der Geschichte immer dramatischer dargestellt werden, bis Friedrich letztendlich stirbt. Insbesondere die kurzen Kapitel stellen für *lesefaule* SchülerInnen ein gutes Etappenziel dar und lassen deutlich erkennen, dass sich der Antisemitismus und Antijudaismus im Nationalsozialismus drastisch zugespitzt haben.

Hans Peter Richter bietet in „Damals war es Friedrich" eine gute Identifikationsmöglichkeit für Jugendliche an, da sich der „Ich-Erzähler" selbst im Jugendalter befindet und nur wenige Angaben zu seiner Person preisgegeben werden. Der „Ich-Erzähler" entpuppt sich somit nur an wenigen Stellen als männliche Person, dementsprechend können sich ohne weiteres beide Geschlechter mit ihm identifizieren. Die Geschichte selbst spielt überwiegend im alltäglichen Leben, so dass Veränderungen auf politischer Ebene nicht deutlich hervorgehoben werden und der politische Wandel nur im Alltag des „Ich-Erzählers", bzw. seiner Familie und der Freundschaft zwischen Friedrich erkennbar wird. Des Weiteren wird größtenteils auf Erzählkommentare, die Emotionen oder politisches akzentuieren und reflektieren verzichtet. Dadurch entsteht eine gewisse Freiheit für Interpretationsmöglichkeiten in Bezug auf einzelne Gefühlslagen des „Ich-Erzählers" und seines Umfelds. Für Jugendliche bietet sich durch diesen Verzicht die Möglichkeit an, ähnliche Geschehnisse und emotionale Erlebnisse aus ihrem Leben mit dem des „Ich-Erzählers" gleichzusetzen. Dies kann die Identifikation mit ihm erstaunlich fördern, vor allem die Armut der Familie und die kulturellen Differenzen, die innerhalb der Freundschaft herrschen, werden vielen Jugendlichen nicht fremd sein.

Eine weitere Stärke des Romans liegt in der historischen Darstellung. Die Ereignisse werden in ihm nur vereinzelt genau datiert, allerdings stimmen die Jahreszahlen und die teilweise erwähnten Monate und Jahreszeiten mit den historischen Fakten überein.

Beispielsweise am 1. April 1933, als sich Friedrich und der „Ich-Erzähler" auf dem Heimweg von der Schule befinden, sehen sie, dass auf dem Praxisschild von Friedrichs Ohrenarzt das Wort Jude geschmiert wurde und dass sich neben der Menschenmasse vor dem Geschäft des Juden Abraham Rosenthals ein Nationalsozialist befindet, der ein Schild mit der Aufschrift „Kauft nicht beim Juden" hochhält.[1] Das Datum lässt auf den einen Tag andauernden Boykott jüdischer Geschäfte am 1. April 1933 schließen, was

---

[1] Vgl. Richter, Hans Peter: Damals war es Friedrich. 57. Aufl. München 2008, S. 36-41.

die erste Diskriminierungsmaßnahme des nationalsozialistischen Regimes darstellt, und die Antwort auf die *jüdische Greuel- und Boykotthetze* darstellen sollte.[2] Auch die ausdrücklich für Juden gekennzeichneten Parkbänke beim Treffen zwischen Friedrich und seiner neuen Bekanntschaft im Park sind auf Verbote der Lokalbehörden im Jahr 1935 zurückzuführen und somit als historisch korrekt einzustufen.[3] Die negativen Aspekte in „Damals war es Friedrich" sind gering, allerdings für die Konfrontation im Schulunterricht und für eine objektive Betrachtung der Juden im Dritten Reich von hoher Priorität und sollten deshalb nicht unbeachtet bleiben.

Das Problemfeld des Romans liegt in der Darstellung der Familie Schneider und des Judentums im Allgemeinen. So wird beispielsweise die Familie als sehr großzügig und wohlhabend dargestellt.[4] Des Weiteren wird der Vater übertrieben tolerant dargestellt, er akzeptiert sogar den Eintritt des Vaters des „Ich-Erzählers" in die NSDAP.[5] Auffällig und zugleich aufgesetzt wirken auch die ständige Freundlichkeit und das Grüßen des Herrn Schneider, was in dem Roman oft zum Vorschein kommt.[6] Hinzu rechtfertigt der Lehrer in Friedrichs Schule die Geldgier, Hinterlistigkeit und Verschlagenheit der Juden, indem er dies den SchülerInnen mit der *dunklen* Geschichte des Judentums auf verständliche Weise begründet.[7] Zwar will der Lehrer den Lernenden zu erkennen geben, dass die Juden keine andere Wahl haben, so zu handeln, doch wirkt dies auf den Leser, als ob die Juden generell habgierig und hinterlistig sind, dies aber Aufgrund ihrer Vergangenheit vollkommen legitim ist.

Dadurch werden unbeabsichtigt die Aspekte aufgegriffen, die dem Klischee eines reichen, eifrigen und immerzu hinterlistigen Juden, das im Dritten Reich herrschte, entsprechen. Diese Vorurteile sollten im Geschichtsunterricht und in der Auseinandersetzung mit dem Judentum strikt getilgt werden, damit die SchülerInnen der heutigen Zeit kein falsches Bild des Judentums vermittelt bekommen.

---

[2] Vgl. Hofer, Walter: Stufen der Judenverfolgung im Dritten Reich 1933-1939, in: Herbert A. Strauss/Norbert Kampe (Hrsg.): Antisemitismus. Von der Judenfeindschaft zum Holocaust. Frankfurt a. M./New York 1985, S. 176.
[3] Vgl. Broszat, Martin/Frei, Norbert: Das Dritte Reich im Überblick. Chronik, Ereignisse, Zusammenhänge. Neuaufl. München 2007, S. 231.
[4] Vgl. Richter, Hans Peter. München 2008, S. 30-36.
[5] Vgl. Ebd., S 84-87.
[6] Vgl. Ebd., S. 10; 54; 56; 58; 85.
[7] Vgl. Ebd., 74-79.

Der Vorteil von „Damals war es Friedrich" gegenüber anderen literarischen Werken wie das „Anne Frank Tagebuch" oder „Der Junge im gestreiften Pyjama" von John Boyne ist trotz des negativen Aspektes vielfältig.

Vor allem bei dem Werk von Anne Frank gibt es keine Identifikationsmöglichkeit für männliche Jugendliche im Pubertätsalter, wie in Richters Roman. Das Tagebuch beschreibt oft und detailreich Liebesgeschichten, Vorstellungen und Wünsche zum Thema Beziehung, Liebe und körperlicher Zuwendung[8], was für Jungen im Schulalter oft als kitschig, träge und *mädchenhaft* typisiert wird. Ein weiterer Nachteil ist, dass nicht wie bei „Damals war es Friedrich" eine lange Zeitspanne thematisiert wird, sondern das Tagebuch nur im Zeitraum von Juni 1942 bis August 1944 geführt wurde.

Ein ähnliches Problem spiegelt sich auch in dem Jugendroman von Boyne wider, dieser spielt überwiegend nur in der Umgebung und im Konzentrationslager Auschwitz selbst. Dies hat zufolge, dass nicht wie bei „Damals war es Friedrich" der Kontext miteinbezogen wird, sondern ausschließlich ein Ausschnitt der Shoah thematisiert wird. Da der Roman aus der Sicht eines für sein Alter entsprechend unwissenden, naiven kleinen Jungen geschrieben ist, werden viele Geschehen rund um das KZ Auschwitz nur angedeutet, deshalb müssen diese vom Leser interpretiert werden.[9] Gegebenenfalls führt dies zu Verharmlosungen der NS-Gräueltaten, denn im gesamten Roman wird nie konkret ersichtlich, wie die Nationalsozialisten das Ziel die *Judenfrage* zu lösen verfolgten. Richter behandelt dies in seinem Jugendroman ersichtlicher und die Absichten der Nationalsozialisten werden sehr ausdrucksvoll beschrieben, was vor allem für den Einstieg in das Thema Nationalsozialismus unumgänglich ist.

Da in den Medien (Jugendromane, Filme etc.) beständig fiktive Darstellungen von historischen Ereignissen vermittelt werden, ist es für Jugendliche oft schwer die fiktiven von realen Geschehnissen und Personen zu trennen.[10]

Für den Geschichtsunterricht sind deshalb das Lehren vom Geschichtsbewusstsein, welches sich aus mehreren Aspekten, wie z.B. das Wirklichkeitsbewusstsein, zusammensetzt, die Multiperspektivität und die korrekte Darstellung von historischen Ereignissen unverzichtbar. Um diese Bereiche mit dem Roman von Richter abzudecken,

---

[8] Vgl. Frank, Anne (Autor)/Frank, Otto H./Pressler, Mirjam (Hrsg.):Anne Frank Tagebuch. Limit. Jubiläumsedition. Frankfurt am Main 2002, S. 23; 161-163; 217-219; 163-165; 197f.
[9] Vgl. Boyne, John: Der Junge im gestreiften Pyjama. Eine Fabel. 9. Aufl. Frankfurt a. M. 2008, S. 139f.; 240-243; 256-263.
[10] Vgl. Rox-Helmer, Monika: Jugendbücher im Geschichtsunterricht. Schwalbach/Ts. 2006, S. 28f.

wird hier eine kleine Auswahl von didaktischen Methoden, die sich für die Anwendung des Romans im Geschichtsunterricht eignen, vorgestellt.

„Damals war es Friedrich" beinhaltet viel Potential für das Erstellen einer Zeitleiste. Schon der chronologische Aufbau und das mit Jahreszahlen vermerkte, Inhaltsverzeichnis eignen sich ideal für die Datierung des fiktiven Handlungsstranges. Außerdem werden etliche historische Ereignisse der Judenverfolgung aufgegriffen, so dass diese zeitlich ebenso gut fassbar sind. Ein weiterer positiver Aspekt ist die angehängte Zeittafel von Richter, die einen Überblick über die für den Roman relevanten historischen Ereignisse darstellt.

Die Zeitleiste selbst sollte aus drei horizontal verlaufenden Spalten bestehen, wobei die erste die Daten, die zweite die historischen Ereignisse und die dritte Spalte den Handlungsstrang des Romans, also die fiktive Geschichte, gliedern soll.[11] Wichtig hierbei ist, dass die Handlungszeit des Romans das Fundament der Zeitleiste bildet[12] und keine Maßstabsveränderungen innerhalb der Zeitleiste vorgenommen werden.[13]

Ein weiterer bedeutungsvoller Gesichtspunkt ist die deutliche Abgrenzung von fiktiven und realen Ereignissen, die neben dem Einteilen in Spalten auch farblich und durch eine andere Schriftart gekennzeichnet werden sollten.[14]

Die Zeitleiste sollte im Fall „Damals war es Friedrich" mit dem Beginn der Unterrichtseinheit und des Lesens erstellt und in jeder Unterrichtsstunde erweitert werden. Diese Erweiterungen können aus unterschiedlichsten Materialien, wie z.B. Fotos, Karten und Zeitungsberichte aus der NS-Zeit oder für das fiktive Geschehen aus selbst entworfenen Schreibaufgaben, wie z.B. einem Brief bestehen.[15]

Anhand der erstellten Zeitleiste mit „Damals war es Friedrich" als Grundlage lässt sich neben dem Wirklichkeitsbewusstsein, also das Verständnis zwischen Faktum und Fiktion, auch die Auswirkungen der NS-Politik im Alltag rekonstruieren, da die historischen Fakten mit der fiktiven Geschichte, dem Alltag vom „Ich-Erzähler" und Friedrich, gegenübergestellt werden.

---

[11] Vgl. Ebd., S. 124f.
[12] Vgl. Ebd., S. 119.
[13] Vgl. Sauer, Michael: Die Zeitleiste, in: Hans-Jürgen Pandel/Gerhard Schneider (Hrsg.): Handbuch. Medien im Geschichtsunterricht.Schwalbach/Ts. 1999, S.198.
[14] Vgl. Rox-Helmer, Monika. Schwalbach/Ts. 2006, S. 120.
[15] Vgl. Ebd., S. 130; Sauer, Michael. Schwalbach/Ts. 1999, S. 201.

Nach dem Erstellen der Zeitleiste würde es sich anbieten, diese durch eine weitere Spalte zu erweitern, so dass neben den historischen Fakten und der fiktiven Geschichte eine weitere Perspektive entsteht. Wenn die Möglichkeit besteht, würde sich hier ein Zeitzeuge anbieten, der sein Alltagsleben unter dem NS-Regime beschreibt. Diese Person sollte eine gute Erinnerungskraft besitzen und bestenfalls einige Erinnerungsstücke aus der damaligen Zeit, wie z.B. Fotos oder Briefe mit in das Klassenzimmer bringen.[16] Aufgrund der vorherigen Auseinandersetzung mit dem Roman und der Zeitleiste verfügen die SchülerInnen über genügend Wissen, um zusammen mit der Lehrperson einen Leitfaden für die Zeitzeugenbefragung zu entwickeln. Dies gibt den Jugendlichen Sicherheit, so dass sie keine Aspekte vergessen, angemessene Fragen formulieren und das Interview selbst steuern können.[17] Nach dem Interview sollte die Zeitleiste mit den Informationen des Zeitzeugs ergänzt werden, damit die SchülerInnen einen Vergleich von unterschiedlichen Wahrnehmungen des Alltags im Dritten Reich bekommen.

Durch das Interview und das Ergänzen der Zeitleiste können die Schüler lernen, dass erzählte Geschichte immer von Wahrnehmungs- und Verarbeitungsprozessen geprägt ist und sie eine „[...] persönliche, subjektive und ausschnitthafte Sichtweise auf die Geschichte [ist]"[18], also es sich nicht um eine geschichtliche Realität handelt. Zugleich wird mit diesen didaktischen Methoden das Feld der Multiperspektivität abgedeckt und die Jugendlichen erlangen Einblicke in unterschiedliche Erlebens- und Verarbeitungssichtweisen des Alltags unter der NS-Diktatur.

Sieht man bei „Damals war es Friedrich" von Hans Peter Richter über die klischeehafte Darstellung der Juden hinweg, so ist dieses Werk hervorragend geeignet für den Geschichtsunterricht. Insbesondere die kurzen chronologisch angeordneten Kapitel, die immer mit einer Pointe ausgeschmückt sind, sind neben dem überzeugenden Anhang und der Identifikationsmöglichkeit für beide Geschlechter ein gutes Fundament für eine vollkommene Unterrichtseinheit im Geschichtsunterricht. Ebenfalls überzeugen auch die historische Darstellung der Judenverfolgung bzw. die Verarbeitung von historischen Fakten. Wird im Unterricht auf didaktische Methoden, wie die Erstellung einer

---

[16] Vgl. Henke-Bockschatz, Gerhard: Zeitzeugenaussagen, in: Ders./Mayer, Ulrich/ Sauer, Michael (u.a.): Lernbox. Geschichte. Das Methodenbuch. Seelze/Velber 2000, S. 80.
[17] Vgl. Rox-Helmer, Monika. Schwalbach/Ts. 2006, S. 106f.
[18] Ebd., S. 108.

Zeitleiste und die Zeitzeugenbefragung zurückgegriffen, so wird mit „Damals war es Friedrich" die Multiperspektivität und das Geschichtsbewusstsein, im Speziellen das Wirklichkeitsbewusstsein gefördert, das für den Umgang mit Geschichte eine wichtige Dimension darstellt.

Literatur

Boyne, John: Der Junge im gestreiften Pyjama. Eine Fabel. 9. Aufl. Frankfurt a. M. 2008.

Broszat, Martin/Frei, Norbert: Das Dritte Reich im Überblick. Chronik, Ereignisse, Zusammenhänge. Neuaufl. München 2007.

Frank, Anne (Autor)/Frank, Otto H./Pressler, Mirjam (Hrsg.):Anne Frank Tagebuch. Limit. Jubiläumsedition. Frankfurt am Main 2002.

Henke-Bockschatz, Gerhard: Zeitzeugenaussagen, in: Ders./Mayer, Ulrich/ Sauer, Michael (u.a.): Lernbox. Geschichte. Das Methodenbuch. Seelze/Velber 2000, S. 79-81.

Hofer, Walter: Stufen der Judenverfolgung im Dritten Reich 1933-1939, in: Herbert A. Strauss/Norbert Kampe (Hrsg.): Antisemitismus. Von der Judenfeindschaft zum Holocaust. Frankfurt a. M./New York 1985, S. 172-185.

Richter, Hans Peter: Damals war es Friedrich. 57. Aufl. München 2008.

Rox-Helmer, Monika: Jugendbücher im Geschichtsunterricht. Schwalbach/Ts. 2006.

Sauer, Michael: Die Zeitleiste, in: Hans-Jürgen Pandel/Gerhard Schneider (Hrsg.): Handbuch. Medien im Geschichtsunterricht.Schwalbach/Ts. 1999, S. 197-208.

Coverbild: ded @Dollarphotoclub.com